ELI
Dictionnaire illustré français *Junior*

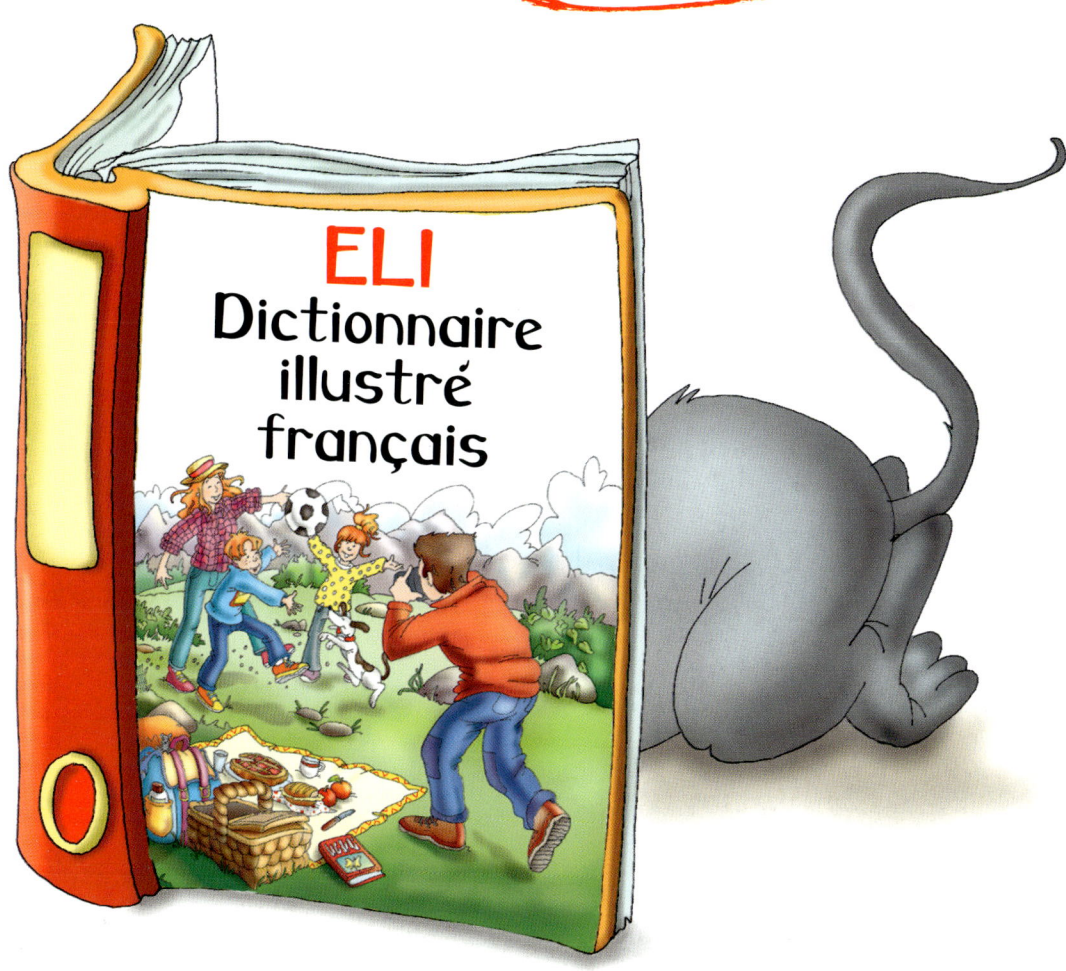

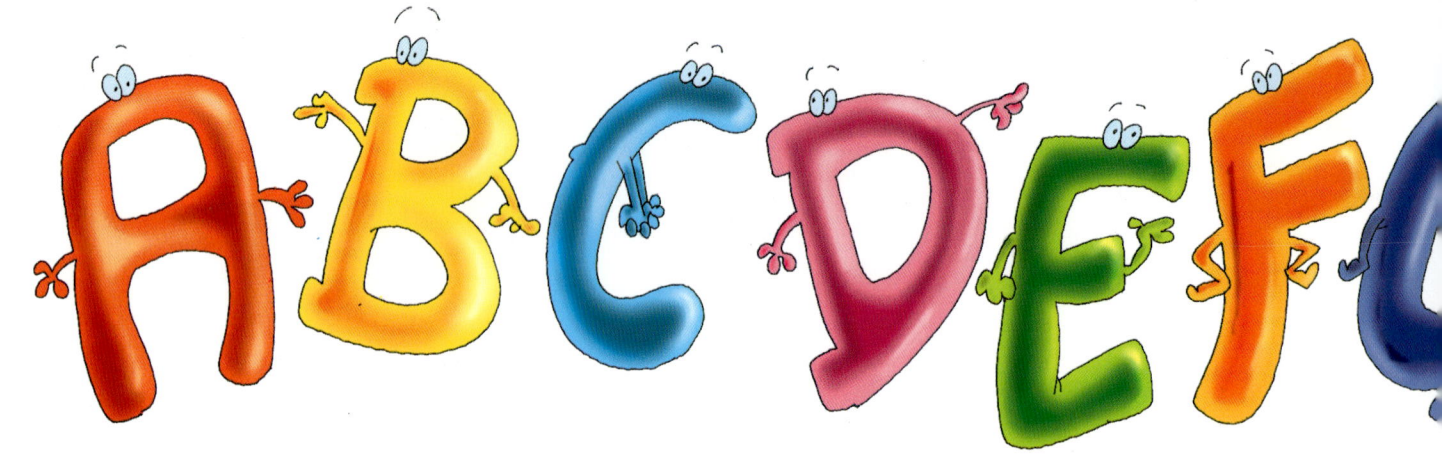

Soyez les bienvenus dans notre **Dictionnaire illustré Junior**, nouveau dictionnaire en couleurs destiné à tous les enfants de plus de 7 ans qui commencent à apprendre la langue française.

Le **Dictionnaire illustré Junior** contient 36 planches situationnelles très colorées qui aident les enfants à apprendre et mémoriser environ 1000 mots.

Parmi les personnages du **Dictionnaire illustré Junior**, vous trouverez Grignote, notre sympathique souris. Sur chaque planche, les enfants devront découvrir où se cache Grignote. Elle leur servira de guide tout au long de ce parcours d'apprentissage amusant, motivant et interactif.

Les enfants pourront consulter cet ouvrage de façon autonome, en fonction de leurs intérêts, des sujets traités et de la présentation agréable des scènes.

Les scènes de chaque planche sont si riches de détails qu'elles pousseront les enfants à les consulter régulièrement afin de rechercher et de découvrir à chaque fois de nouveaux éléments, qui leur permettront d'apprendre naturellement les mots présentés.

Bon "travail" avec le **Dictionnaire illustré Junior**.

© 2000 - ELI srl
B.P. 6 - Recanati - Italie - www.elionline.com - e-mail : eli@fastnet.it

Par : Joy Olivier
Illustrations : Elena Staiano
Couleurs : Angela Santalucia
Version française : Corinne Baldovini
Imprimé en Italie par la Tecnostampa - Loreto
00.083.242.0

Tous droits réservés. Toute reproduction partielle ou totale de cet ouvrage, ainsi que sa divulgation sous toute forme ou par quelque procédé que ce soit, photocopies comprises, est formellement interdite sans l'autorisation des Éditions ELI.

ISBN 88-8148-434-X

Sommaire

1. La famille Plaisant
2. Driiing ! Allez ! En classe
3. De 1 à 100
4. Cours de dessin
5. Cours de sciences
6. Cours de musique
7. Youpiii ! La Récré !
8. Tous à la cantine !
9. De la tête aux pieds
10. Faisons un peu de gym !
11. Des enfants sportifs
12. En ville

13 À la maison

14 Dans la salle de séjour

15 Dans la cuisine

16 Dans la salle de bains

17 Dans la chambre à coucher

18 Qu'est-ce que je me mets ?

19 De vitrine en vitrine

20 Au marché

21 Quelle heure est-il ?

22 Regarde tous ces animaux !

23 Quand je serai grand, je ferai...

24 Bon anniversaire !

25 Le bal masqué

26 Quelle circulation !

27 Bon voyage !

28 À la ferme

29 Au camping

30 Au bord de la mer

31 Vive la neige !

32 Que la vie est belle à la campagne !

33 Quel jour sommes-nous, aujourd'hui ?

34 Les adjectifs

35 Les verbes 1

36 Les verbes 2

La liste des mots 76

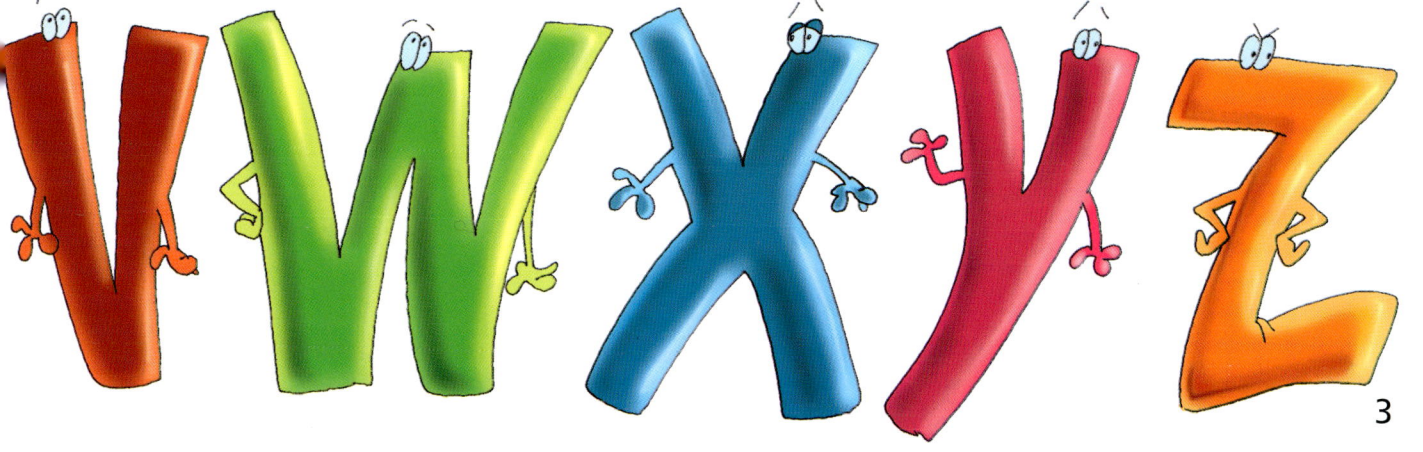

La famille Plaisant

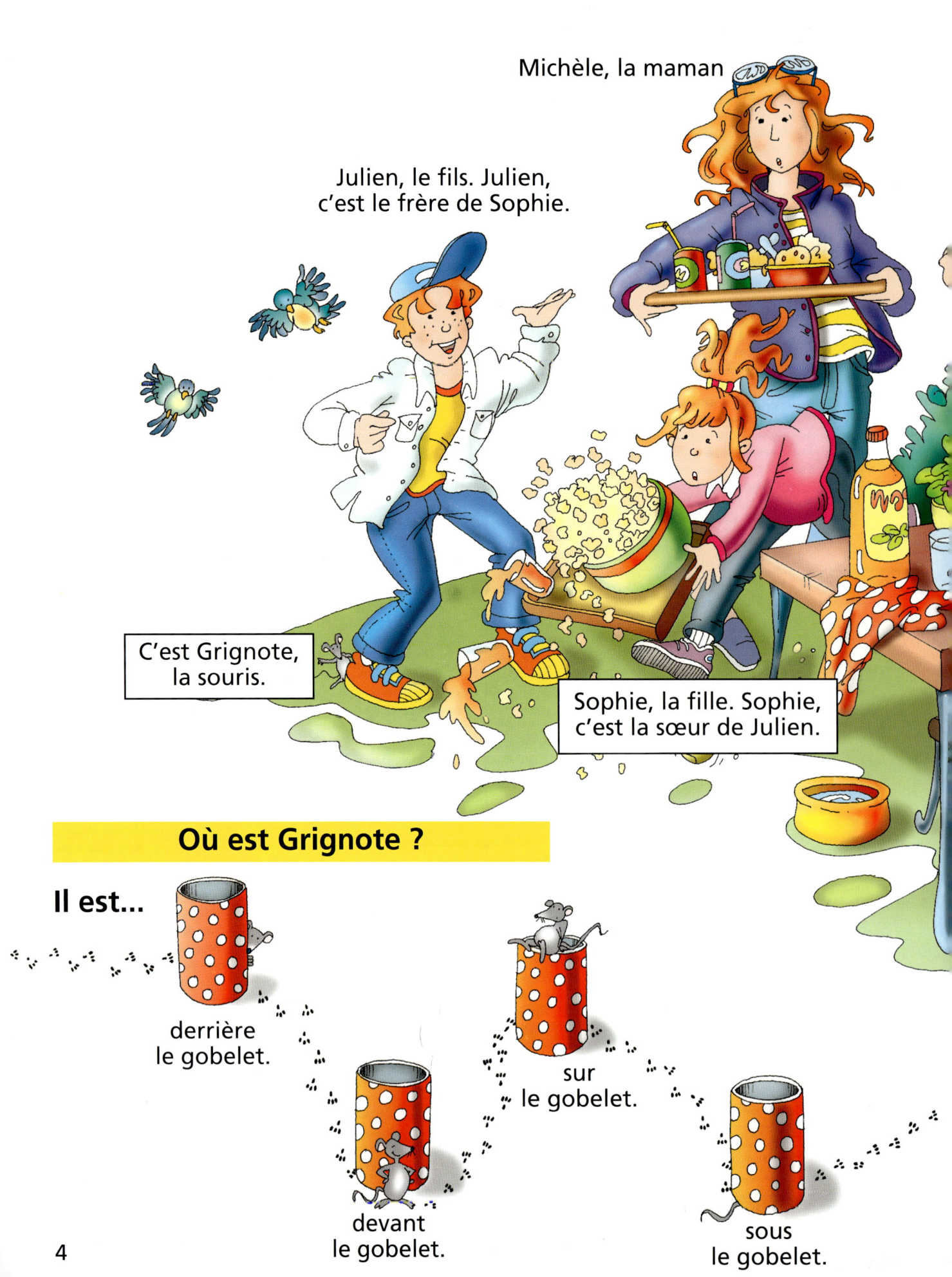

Michèle, la maman

Julien, le fils. Julien, c'est le frère de Sophie.

C'est Grignote, la souris.

Sophie, la fille. Sophie, c'est la sœur de Julien.

Où est Grignote ?

Il est...

derrière le gobelet.

devant le gobelet.

sur le gobelet.

sous le gobelet.

13 À la maison

14 Dans la salle de séjour

15 Dans la cuisine

16 Dans la salle de bains

17 Dans la chambre à coucher

18 Qu'est-ce que je me mets ?

19 De vitrine en vitrine

20 Au marché

21 Quelle heure est-il ?

22 Regarde tous ces animaux !

23 Quand je serai grand, je ferai...

24 Bon anniversaire !

25 Le bal masqué

26 Quelle circulation !

27 Bon voyage !

28 À la ferme

29 Au camping

30 Au bord de la mer

31 Vive la neige !

32 Que la vie est belle à la campagne !

33 Quel jour sommes-nous, aujourd'hui ?

34 Les adjectifs

35 Les verbes 1

36 Les verbes 2

La liste des mots   76

La famille Plaisant

Michèle, la maman

Julien, le fils. Julien, c'est le frère de Sophie.

C'est Grignote, la souris.

Sophie, la fille. Sophie, c'est la sœur de Julien.

Où est Grignote ?

Il est...

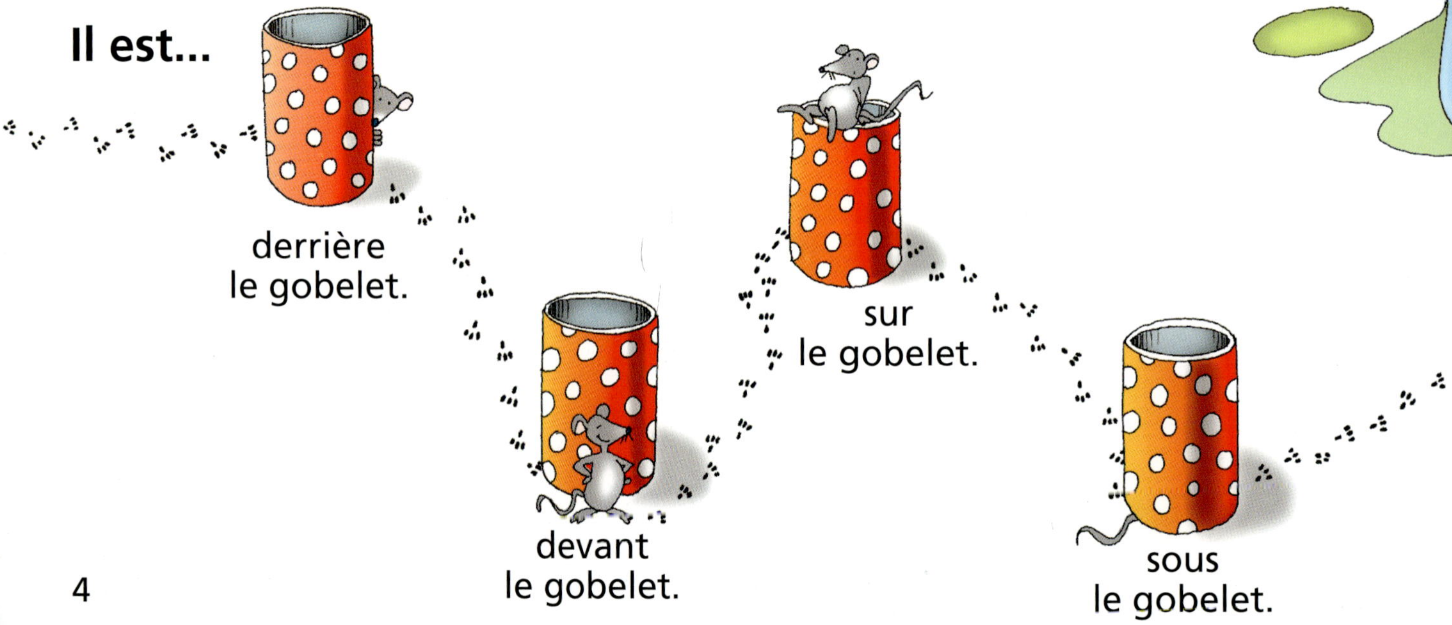

derrière le gobelet.

devant le gobelet.

sur le gobelet.

sous le gobelet.

4

De 1 à 100

le carré   le rectangle   le cercle

1 un
2 deux
3 trois
4 quatre
5 cinq
6 six
7 sept
8 huit
9 neuf
10 dix
11 onze
12 douze
13 treize
14 quatorze
15 quinze
16 seize
17 dix-sept
18 dix-huit
19 dix-neuf
20 vingt

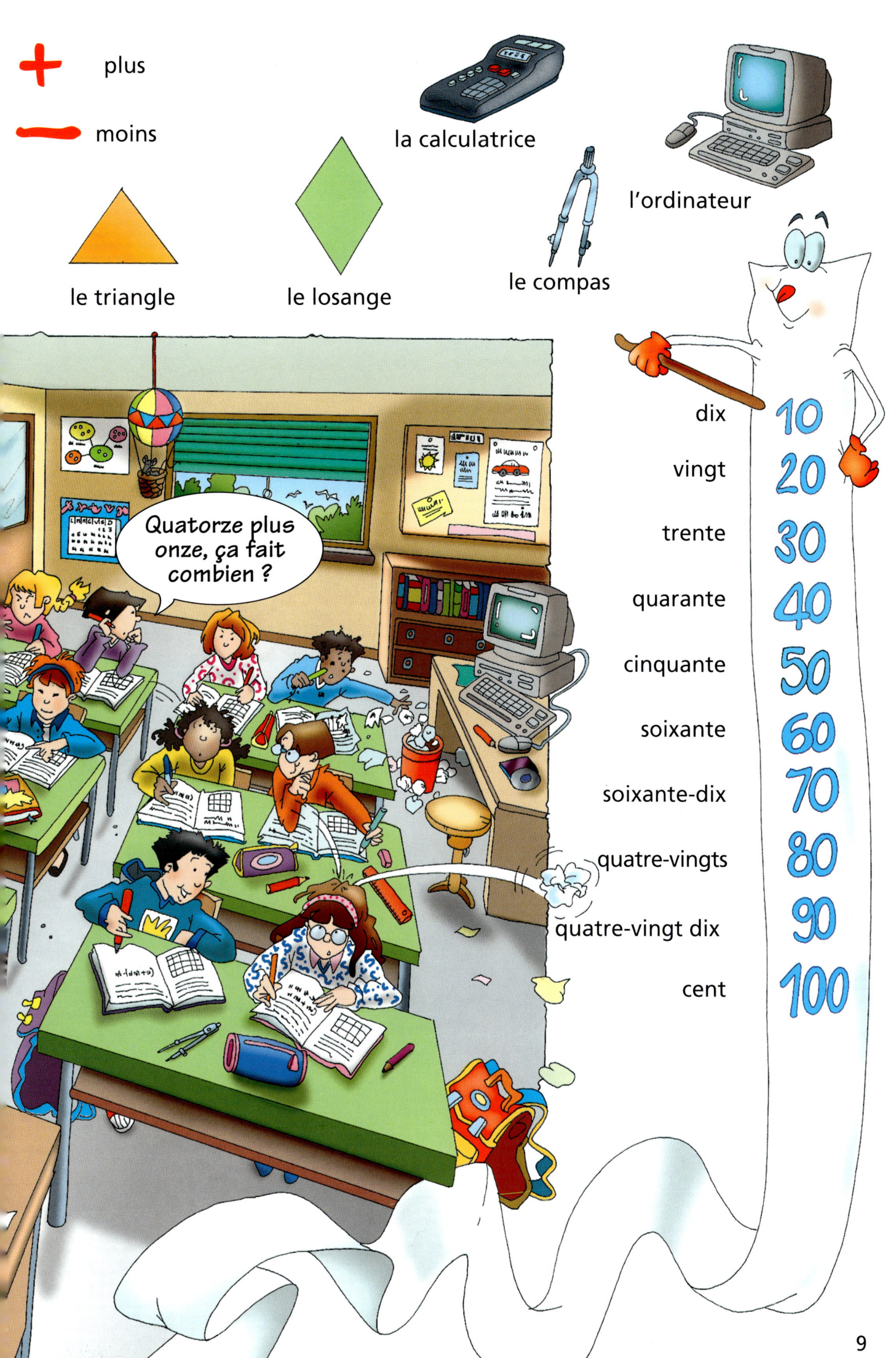

5 Cours de sciences

le microscope

la loupe

les lunettes de protection

la coccinelle

l'écran

la souris

le clavier

l'aquarium

la jardinière

Où est la grenouille ?

Tous à la cantine !

9 De la tête aux pieds

 la tête

 le nez

 la bouche

 la langue

 le visage

 les cheveux

 l'oreille

 l'œil

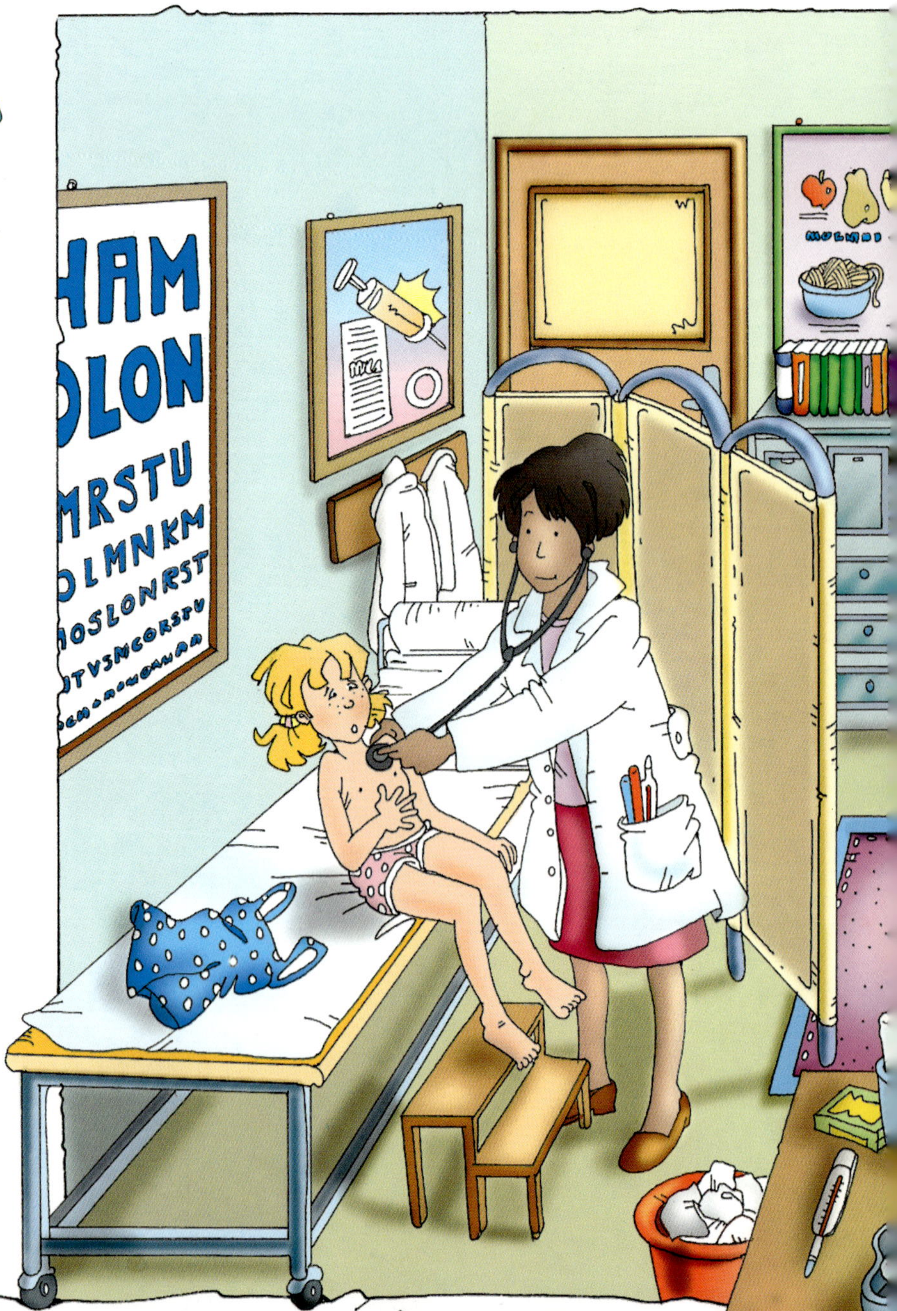

1 mal au ventre
2 mal à la tête
3 le rhume
4 la toux
5 la fièvre
6 mal aux dents

les dents

le cou

l'épaule

le bras

le coude

le pouce

la main

les doigts

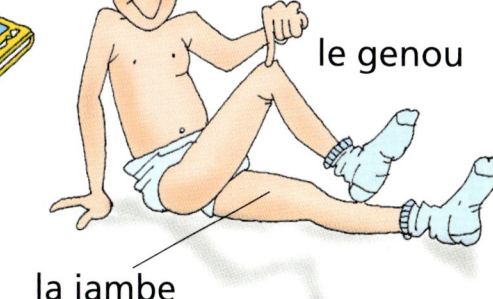

le ventre

le genou

la jambe

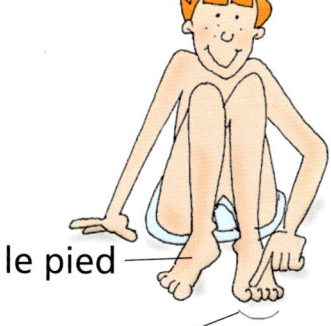

le dos

le pied

les doigts de pied

J'ai mal à la tête !

Des enfants sportifs

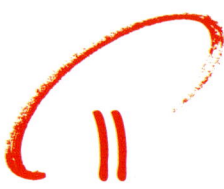

le saut en hauteur	le saut en longueur	la course
le patinage	la gymnastique	le volley
le basket	la natation	le football
le tennis	le base-ball	l'escrime

En ville

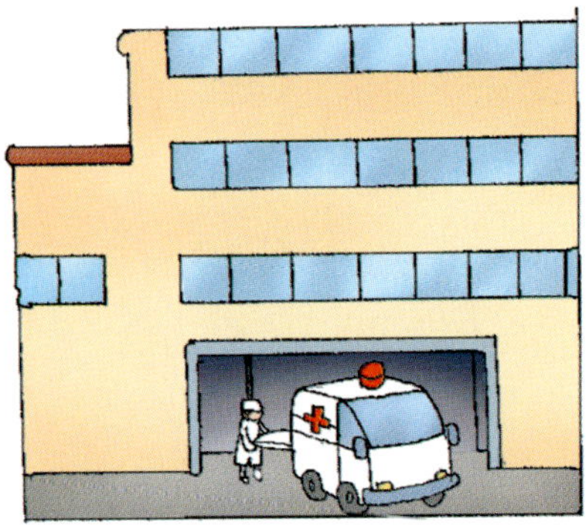

l'hôpital

le restaurant

le bar

le magasin

le supermarché

la cabine téléphonique

le lampadaire

On va au parc ?

l'arrêt de bus

le passage piétons

le kiosque à journaux

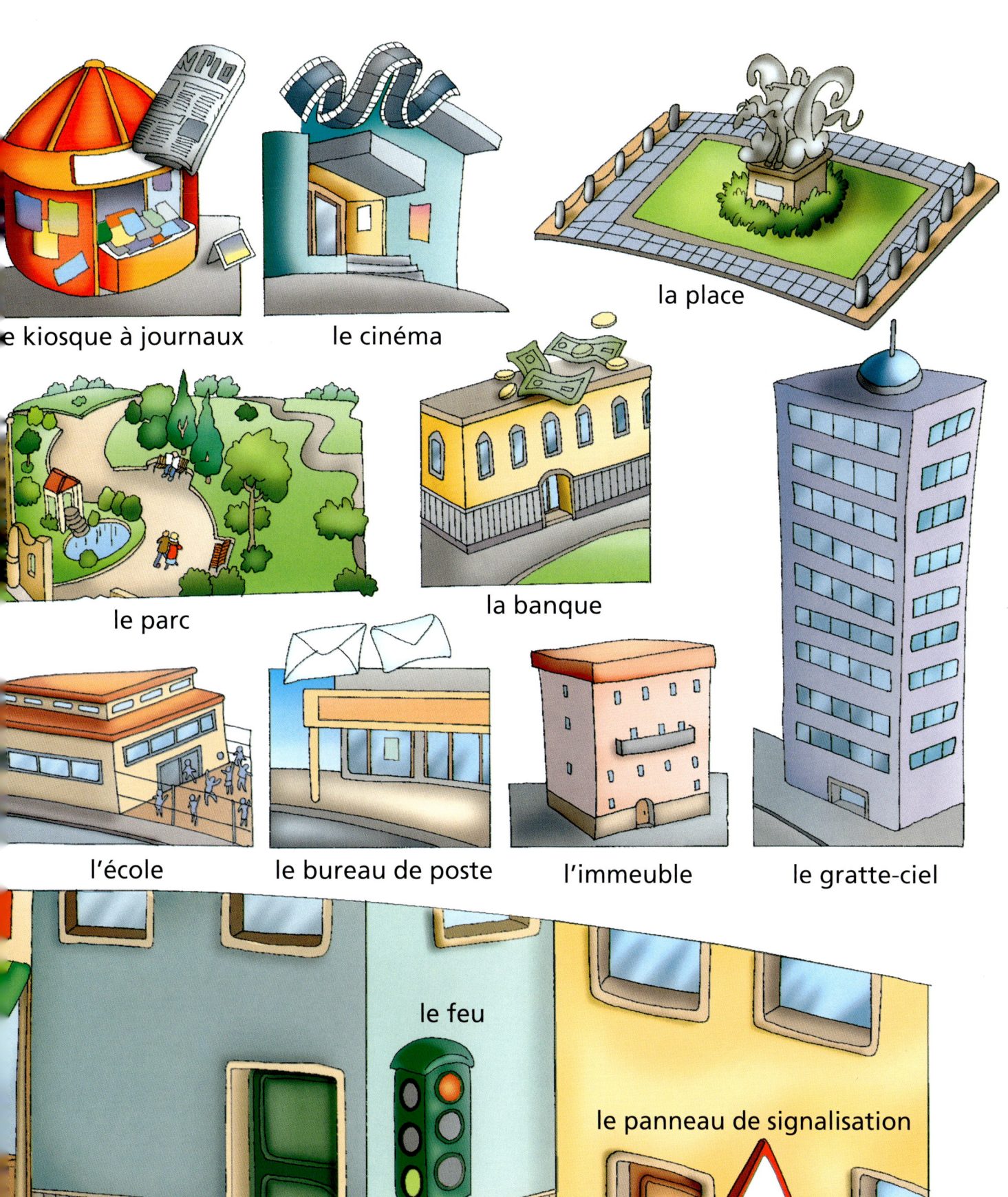

le cinéma

la place

le parc

la banque

l'école

le bureau de poste

l'immeuble

le gratte-ciel

le feu

le panneau de signalisation

le trottoir

la rue

27

À la maison

la fenêtre

la porte

le balcon

la cheminée

le toit

la parabole

la chambre à coucher

la salle de bains

la cuisine

la table

la chaise

la salle de séjour

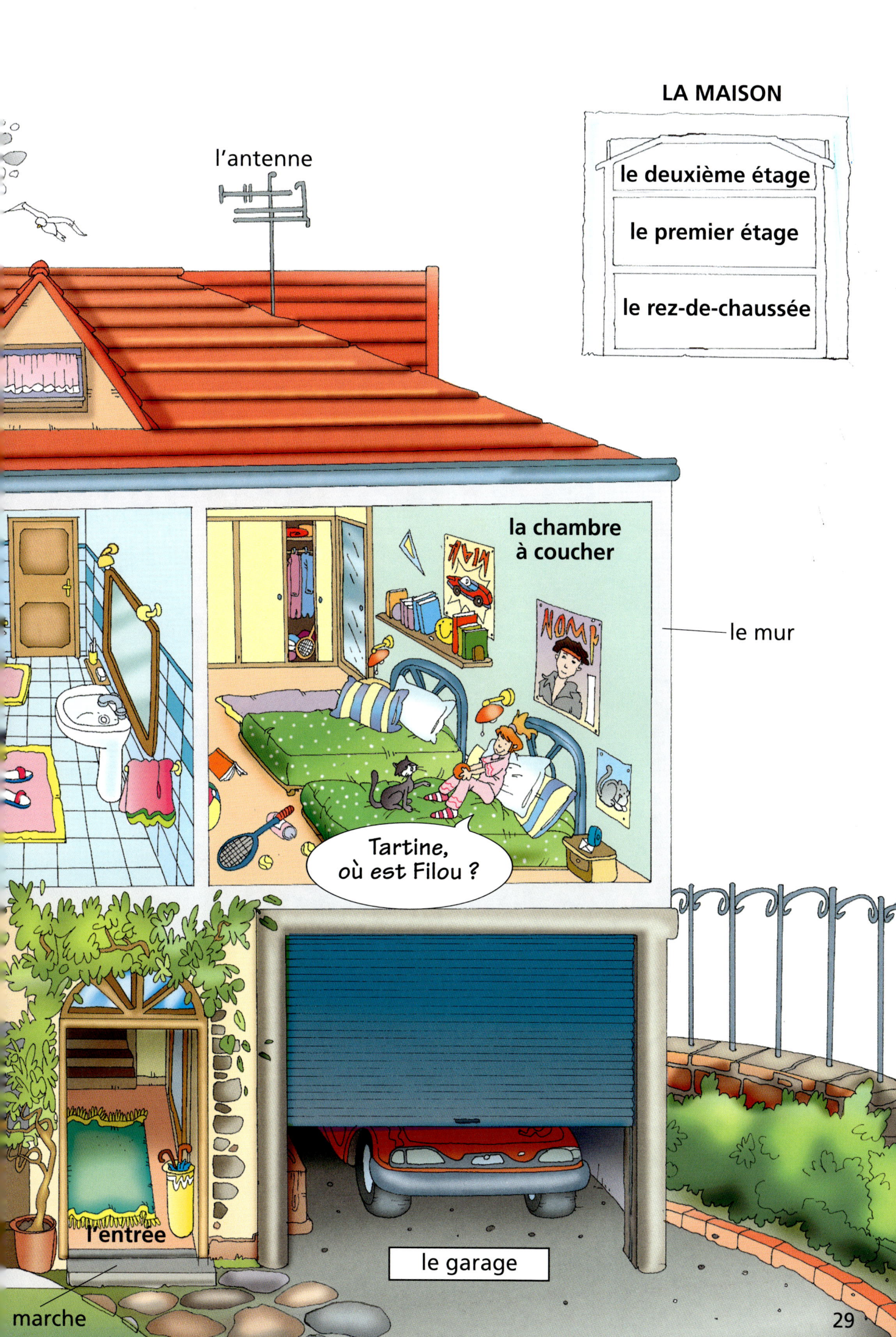

Dans la salle de séjour

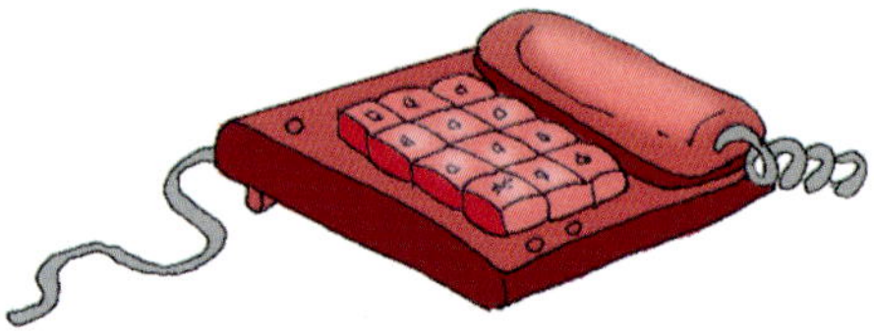

le téléphone

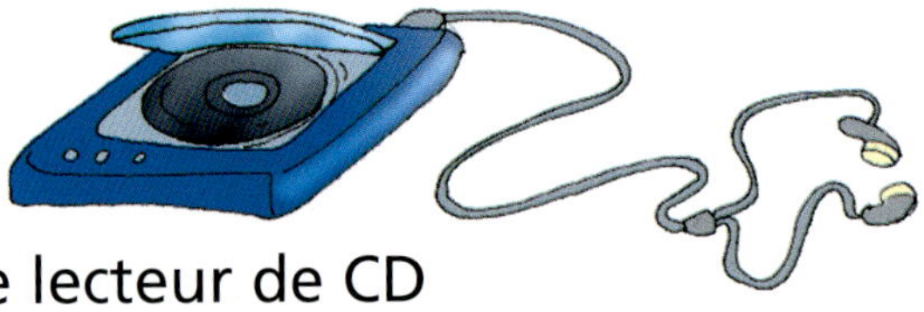

le lecteur de CD

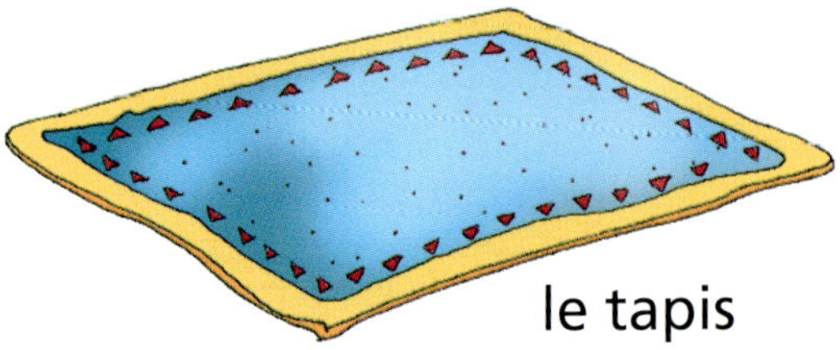

le table

le tapis

le fauteuil

le canapé

le vase

Qu'est-ce q[ui]
y a à la télé

la bibliothèque

la cheminée

la télécommande

le téléviseur

les programmes

le film

le dessin animé

l'émission de sport

le reportage

le journal télévisé

le lampadaire

le magnétoscope

31

Dans la cuisine

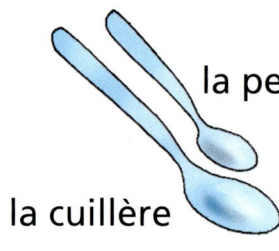

la petite cuillère

la cuillère

le lait   un verre de lait

le sucre

la fourchette

le couteau

l'assiette

le café

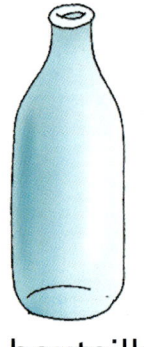

la bouteille

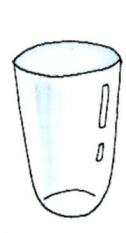

le verre

la tasse

la soucoupe

32

17 Dans la chambre à coucher

l'armoire

le tapis

le poster

l'étagère

le rideau

la lampe

la commode

le tiroir

la chaise

le pyjama

les mules

le bureau

37

18 Qu'est-ce que je me mets ?

la jupe

les bottes

le chapeau

la cravate

la chemise

le tee-shirt

le slip

le short

le pantalon

Mais, c'est mon tee-shirt !

38

la robe

le pull-over

les chaussettes

les chaussures

la veste

le manteau

la casquette

le sweat-shirt

la ceinture

la doudoune

le jean

le cardigan

la salopette

39

De vitrine en vitrine

le fleuriste

le magasin de vêtements

le magasin de chaussures

le magasin d'articles de sport

la papeterie

le magasin de disques

la pâtisserie

la librairie

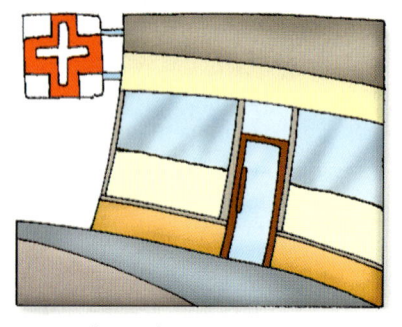

la pharmacie

la parfumerie

la boulangerie

le supermarché

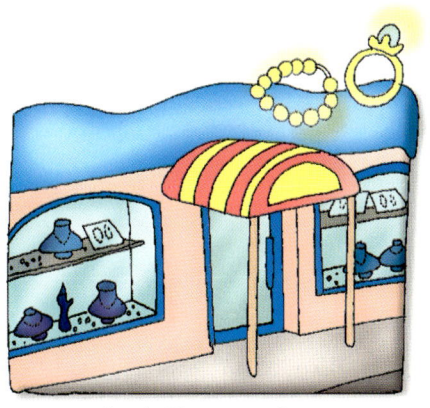

la bijouterie  • le photographe • le magasin de jouets

l'enseigne

la vitrine

Le magasin de jouets, c'est mon magasin préféré !

Au marché

20

le kiwi

la cerise

la fraise

la prune

le raisin

la pêche

l'abricot

la banane

le champignon

la poire

le poivron

la pomme

la pomme de terre

le chou-fleur

Un kilo de pommes, s'il vous plaît.

42

le citron

l'ananas

la pastèque

le pamplemousse

l'orange

le melon

la laitue

les petits pois

la carotte

la tomate

les épinards

l'aubergine

l'oignon

43

Quelle heure est-il ?

il est une heure

il est deux heures

il est trois heures

il est quatre heures

les aiguilles

la montre

l'horloge

le réveil

Je voudrais une montre, s'il vous plaît.

il est cinq heures   il est six heures   il est sept heures   il est huit heures

il est minuit   *il est midi*

il est neuf heures   il est dix heures   il est onze heures

il est trois heures et quart

il est trois heures vingt

il est trois heures et demie

il est quatre heures moins vingt-cinq

il est quatre heures moins vingt

il est quatre heures moins le quart

45

22 Regarde tous ces animaux

l'oiseau

l'ours

le singe

le kangourou

le perroquet

le pingouin

l'autruche

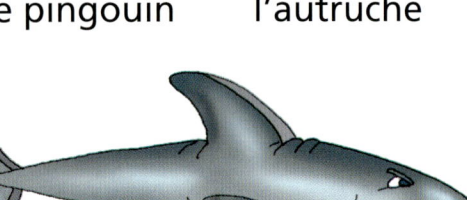

le requin

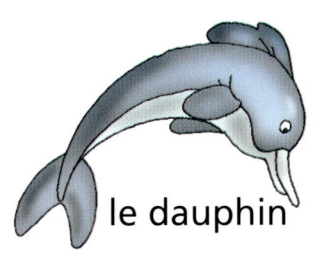

le dauphin

la baleine

46

le chameau

le crocodile

le phoque

l'éléphant

l'hippopotame

la girafe

le rhinocéros

le lion

le tigre

le panda

Tu m'achètes cette baleine, Maman ?

le gorille

le serpent

le hamster

le zèbre

47

23 Quand je serai grand, je ferai...

- l'acteur
- le photographe
- le chef d'entreprise
- l'ouvrier
- le facteur
- le mécanicien
- l'architecte
- l'enseignant
- le chanteur
- le sapeur-pompier
- le cuisinier
- le serveur

la dentiste

la danseuse

la vétérinaire

le médecin

le chauffeur de bus

l'employée de bureau

le policier

l'infirmière

la coiffeuse

l'électricienne

la journaliste

la vendeuse

Qu'est-ce que tu feras quand tu seras grand ?

24 Bon anniversaire !

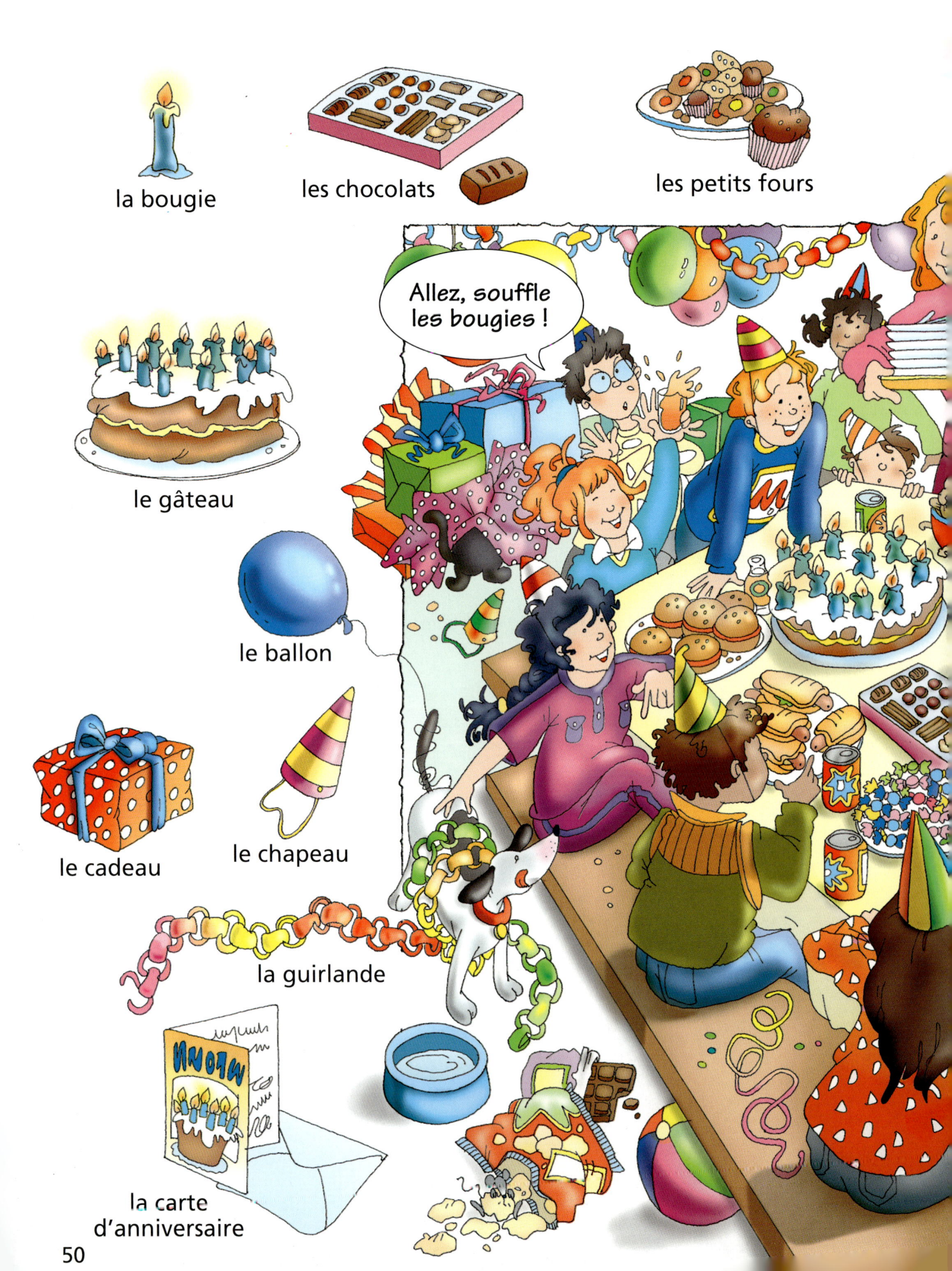

la bougie

les chocolats

les petits fours

le gâteau

Allez, souffle les bougies !

le ballon

le cadeau

le chapeau

la guirlande

la carte d'anniversaire

50

les bonbons

le pop-corn

les chips

la glace

le sandwich

la boisson

la paille

le jus de fruit

les cacahuètes

le chocolat

le hot-dog

le hamburger

la pizza

l'appareil photo

la photographie

51

25 Le bal masqué

le masque

l'extraterrestre
la sirène
le fantôme
le vampire

la princesse

l'épée
le prince

la sorcière

On danse ?

le cow-boy

le dragon

le trésor

52

le ballon

le magicien

le château

l'astronaute

la baguette magique

la fée

le monstre

le clown

le pirate

la reine

le roi

la couronne

53

26 Quelle circulation !

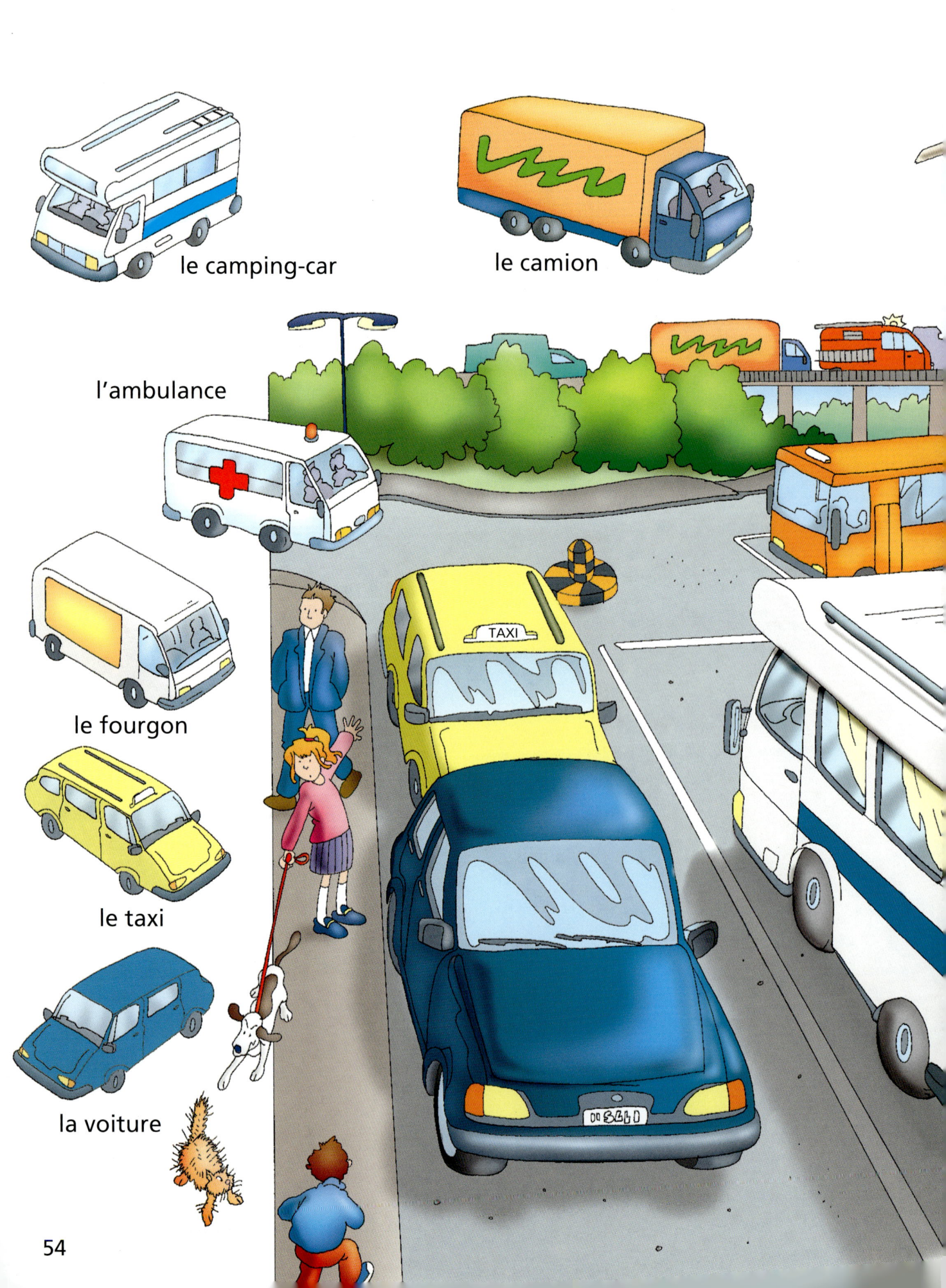

le camping-car

le camion

l'ambulance

le fourgon

le taxi

la voiture

54

l'avion

l'hélicoptère

l'autobus

la station-service

la voiture de pompiers

la moto

J'adore les voyages !

le cyclomoteur

le vélo

55

27 Bon voyage !

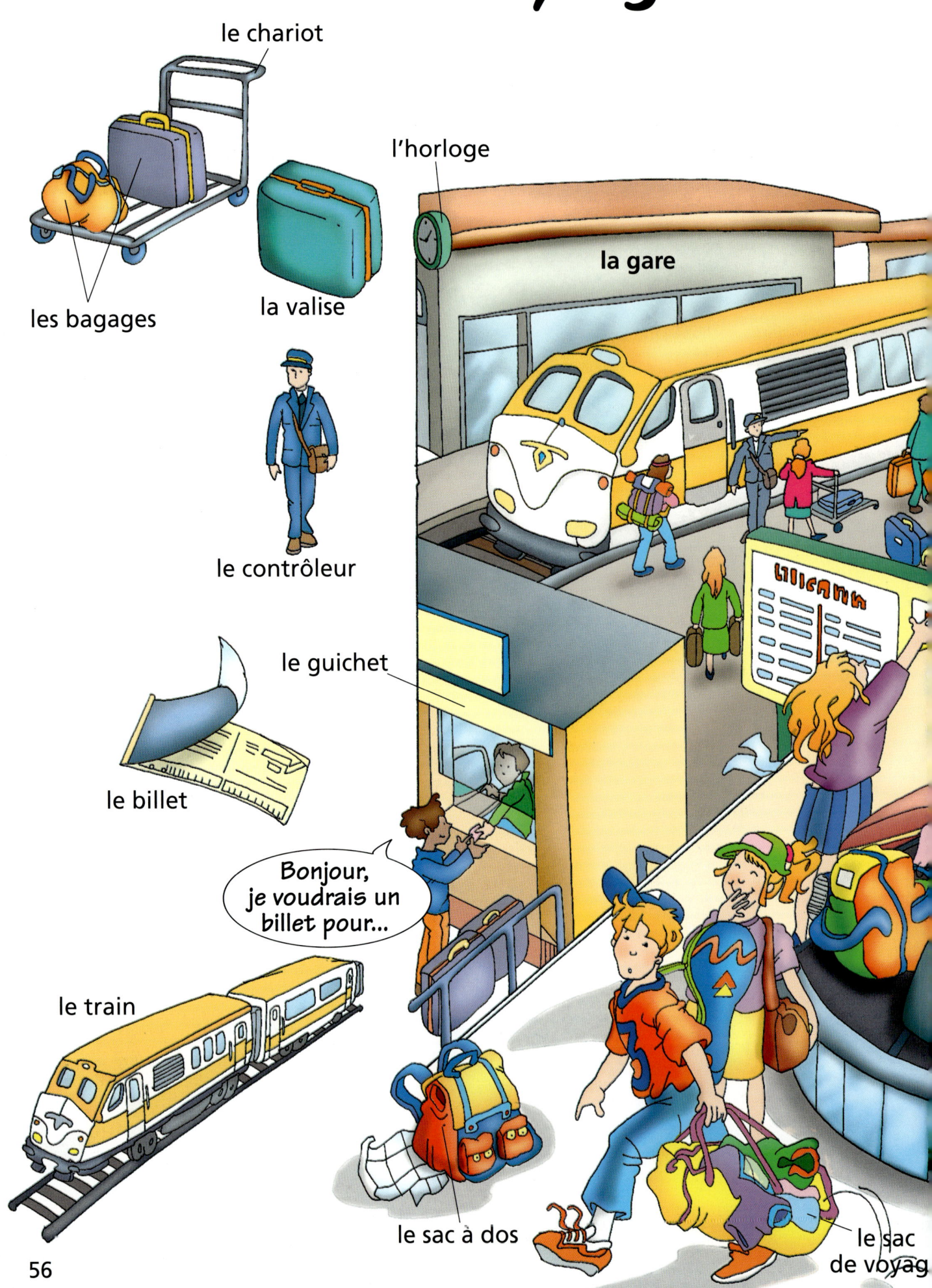

- le chariot
- les bagages
- la valise
- l'horloge
- la gare
- le contrôleur
- le guichet
- le billet
- le train
- Bonjour, je voudrais un billet pour...
- le sac à dos
- le sac de voyage

l'avion

l'hélicoptère

l'autobus

la station-service

la voiture de pompiers

J'adore les voyages !

la moto

le cyclomoteur

le vélo

55

Bon voyage !

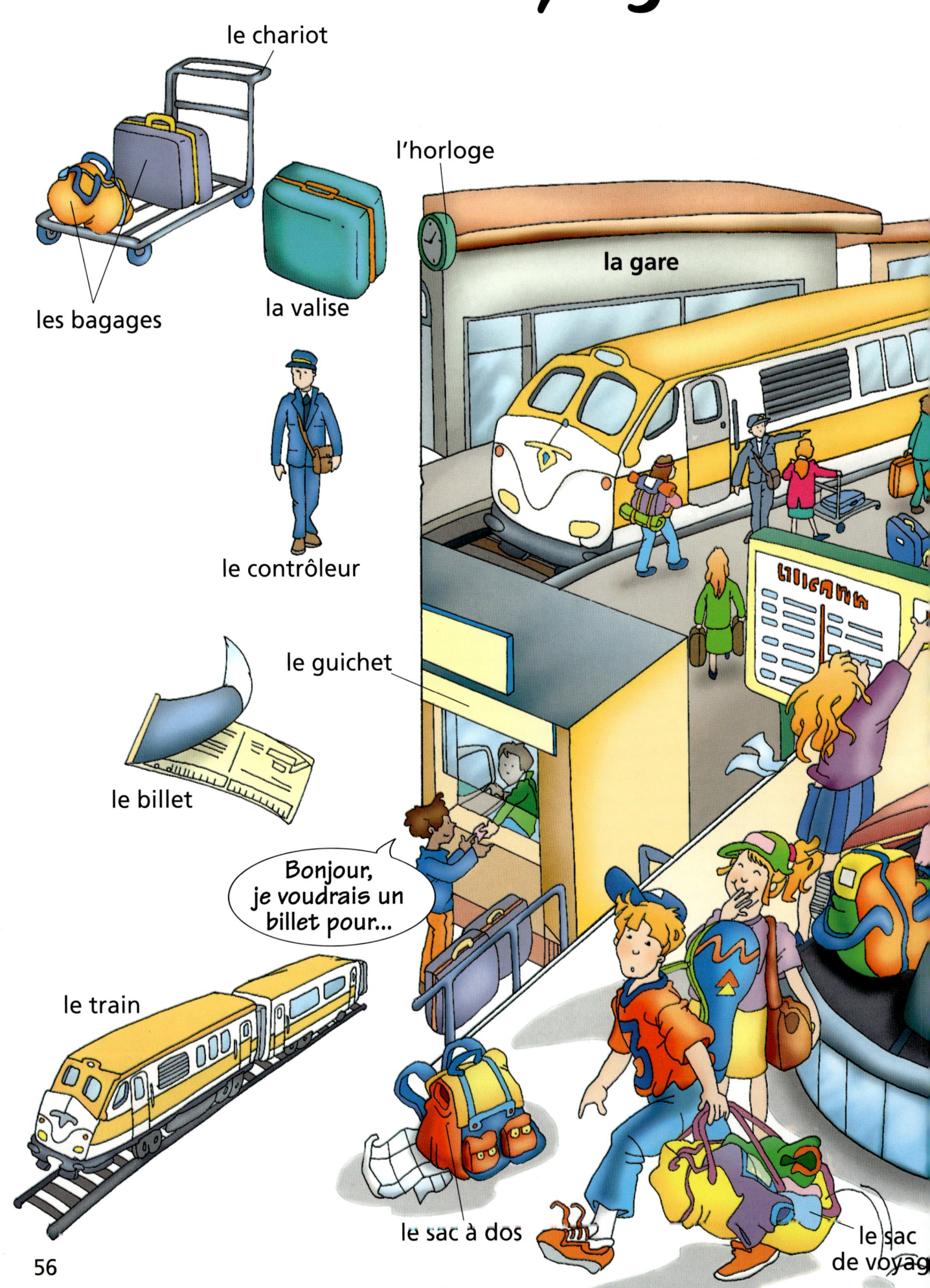

- le chariot
- les bagages
- la valise
- l'horloge
- la gare
- le contrôleur
- le guichet
- le billet
- Bonjour, je voudrais un billet pour...
- le train
- le sac à dos
- le sac de voyage

le caneton

le cheval

le canard

l'oie

l'abeille

l'âne

la chèvre

le cochon

le porcelet

la ferme

Comment il s'appelle, ce cheval ?

29 Au camping

la torche

la lune　les étoiles

le hamac

la chaise pliante

le sac à dos

la table pliante

le sac de couchage

la tente

lampe à gaz — le feu — le ciel — la chauve-souris — le hibou — les lucioles — la cascade — le pont — la rivière — le coussin

Hé ! regardez, un monstre !

30 Au bord de la mer

la crème solaire

le drap de bain

les mules

le chapeau

les lunettes de soleil

le maillot de bain

le maillot de bain

le parasol

le rocher

les palmes

Vous venez vous baigner avec nous ?

62

le tuba

le masque de plongée

le château de sable

le seau

la pelle

la bouée

le matelas de plage

la mer

la chaise longue

l'étoile de mer

le coquillage

le crabe

le poisson

la mouette

le bateau

la barque

le voilier

63

Vive la neige !

le snowboard

la luge

les patins à glace

le patineur

les bâtons de ski

la patinoire

les skis

le skieur

Oh, non, mon bâton de ski !

la piste de ski

64

le remonte-pente

le refuge

le télésiège

la montagne

la neige

le bonhomme de neige

la boule de neige

la combinaison de ski

la doudoune

le bonnet

les chaussures de ski

l'écharpe

les gants

65

32 Que la vie est belle à la campagne

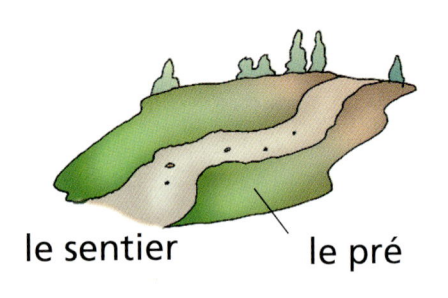

le sentier   le pré

le buisson

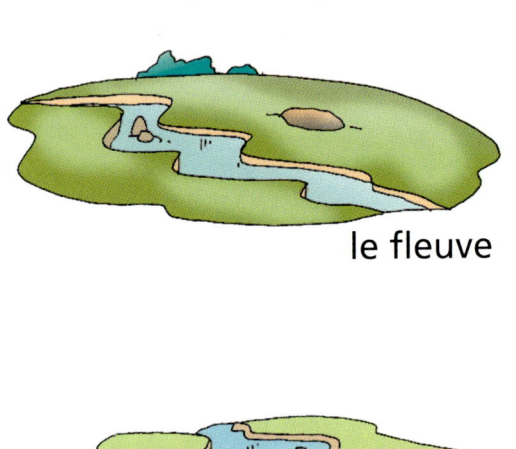

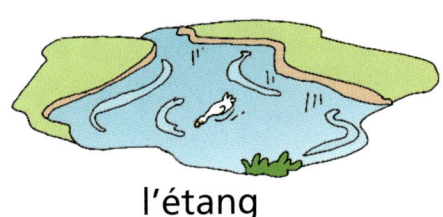

le fleuve

Papa ! Il n'est pas beau mon cerf-volant ?

l'étang

la fleur

le tronc

le panier

l'arbre

la feuille

l'herbe

66

le champignon

l'escargot

le cygne

le cerf-volant

le lièvre

l'écureuil

le renard

le hérisson

le papillon

l'oiseau

le nid

33 Quel jour on est, aujourd'hui ?

Les mois de l'année

- 1 janvier
- 2 février
- 3 mars
- 4 avril
- 5 mai
- 6 juin
- 7 juillet
- 8 août
- 9 septembre
- 10 octobre
- 11 novembre
- 12 décembre

Les jours de la semaine

- 1 lundi
- 2 mardi
- 3 mercredi
- 4 jeudi
- 5 vendredi
- 6 samedi
- 7 dimanche

Les saisons

le printemps

l'été

l'automne

l'hiver

Quel temps fait-il ?

il neige

il y a du brouillard

il y a du vent

il fait soleil

il y a des nuages

il pleut

Quel bel arc-en-ciel !

34 Les adjectifs

heureux triste

grand petit

sale propre

ouvert fermé

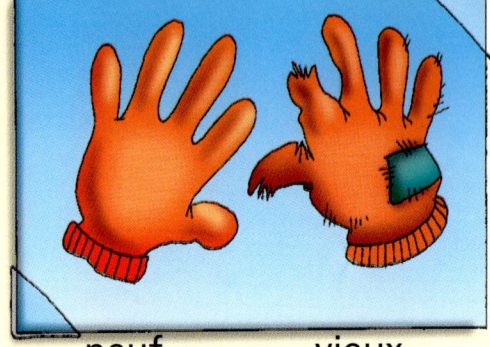

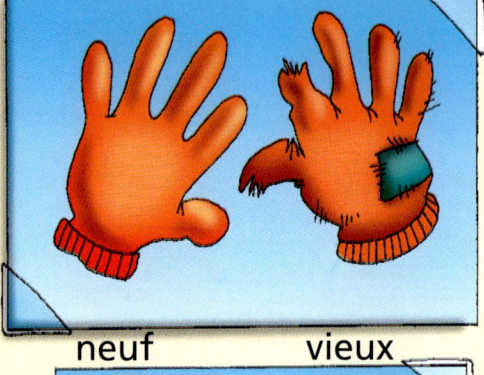

neuf vieux

facile difficile

bien mal

laid beau

mou dur

Hé, mais tu mesures combien ?

petit

70

maigre

rapide — lent

long — court

chaud — froid

jeune — vieux

mouillé — sec

plein — vide

lourd — léger

71

Les verbes 1

dormir — rêver — se réveiller — se lever — prendre une douche

s'habiller — se déshabiller — manger — boire

écrire — lire — dessiner — effacer

penser — jouer d'un instrument de musique — chanter — écouter se laver — s'essuyer — se laver les dents — se coiffer

cuisiner — marcher — traverser — attendre

coller — colorier — peindre — observer

jouer — sauter — patiner

73

Les verbes 2

faire du vélo	 lancer	 attraper	 nager
 aller tout droit	 tourner à droite	 tourner à gauche	 se cacher
 regarder la télévision	 rire	 pleurer	 parler
 allumer	 éteindre	 skier	 patiner

monter à cheval	ouvrir	fermer	voler
acheter	vendre	photographier	téléphoner
demander	répondre	ramasser	conduire
compter		danser	souffler

La liste des mots

Les numéros indiqués ci-dessous renvoient aux planches situationnelles.

A

à côté de 1
abeille 28
abricot 20
accordéon 6
acheter 36
acteur 23
aéroport 27
agneau 28
agrafeuse 4
aiguilles 21
aller tout droit 36
allumer 36
ambulance 26
ananas 20
âne 28
antenne 13
août 33
appareil photo 24
aquarium 5
araignée 5
arbre 32
arc-en-ciel 33
architecte 23
armoire 17
arrêt de bus 12
assiette 15
astronaute 25
attendre 35
attraper 36
aubergine 20
autobus 26
automne 33
autruche 22
avion 26, 27
avril 33

B

bagages 27
baguette magique 25
baguettes 6
baignoire 16
balançoire 7
balcon 13
baleine 22
ballon 7, 24, 25
banane 20
banque 12
bar 12
barque 30
base-ball 11
basket 11
bateau 30
bâtons de ski 31
beau 34
beurre 15
bibliothèque 14
bien 34
bifteck 8
bijouterie 19
billes 7
billet 27
biscuits 15
blanc 4
bleu 4

bloc-notes 2
boire 35
boisson 24
boîte de peinture 4
bonbons 24
bonhomme de neige 31
bonnet 31
bottes 18
bouche 9
bouée 30
bougie 24
boulangerie 19
boule de neige 31
bouteille 15
bras 9
bras en l'air 10
brebis 28
brosse 16
brosse à dents 16
brouillard 33
buisson 32
bureau 2, 17
bureau de poste 12

C

cabine téléphonique 12
cacahuètes 24
cadeau 24
café 15
cahier 2
cahier de textes 2
calculatrice 3
camion 26
camping-car 26
canapé 14
canard 28
caneton 28
cardigan 18
carotte 20
carré 3
cartable 2
carte d'anniversaire 24
carte géographique 2
cartes 7
cascade 29
casque 6
casquette 18
cassette audio 6
ceinture 18
cent 3
cercle 3
céréales 15
cerf-volant 32
cerise 20
chaise 2, 13, 17
chaise longue 30
chaise pliante 29
chambre à coucher 13
chameau 22
champignon 20, 32
chanter 35
chanteur 23
chapeau 18, 24, 30
chariot 8, 27
chat 1, 28
château 25

château de sable 30
chaud 34
chauffeur de bus 23
chaussettes 18
chaussures 18
chaussures de ski 31
chaussures de sport 11
chauve-souris 29
chef d'entreprise 23
cheminée 13, 14
chemise 18
cheval 28
chevalet 4
cheveux 9
chèvre 28
chien 1, 28
chiffon sec 2
chips 24
chocolat 24
chocolats 24
chœur 6
chou-fleur 20
ciel 29
cinéma 12
cinq 3
cinquante 3
ciseaux 2
citron 20
clarinette 6
clavier 5
clown 25
coccinelle 5
cochon 28
coiffeuse 23
colle 2, 4
coller 35
colorier 35
combinaison de ski 31
commode 17
compact disc 6
compas 3
compter 36
conduire 36
confiture 15
contrôleur 27
coq 28
coquillage 30
corbeille à papier 2
corde à sauter 7
cou 9
coude 9
courir 10
couronne 25
course 11
court 34
coussin 29
couteau 15
couverture 17
cow-boy 25
crabe 30
craie 2
cravate 18
crayon 2
crayons de couleur 4
crème solaire 30
crocodile 22
cuillère 15

76

cuisine 13
cuisiner 35
cuisinier 23
cyclisme 11
cyclomoteur 26
cygne 32
cymbales 6

D

dans 1
danser 36
danseuse 23
dauphin 22
décembre 33
demander 36
dentifrice 16
dentiste 23
dents 9
derrière 1
dés 7
dessin 4
dessin animé 14
dessiner 35
deux 3
deuxième étage 13
devant 1
difficile 34
dimanche 33
dix 3
dix-huit 3
dix-neuf 3
dix-sept 3
doigts 9
doigts de pied 9
dormir 35
dos 9
douche 16
doudoune 18, 31
douze 3
dragon 25
drap 17
drap de bain 30
dur 34

E

eau 8
écharpe 31
école 7, 12
écouter 35
écran 5
écrire 35
écureuil 32
effacer 35
électricienne 23
éléphant 22
élève 2
émission de sport 14
employée de bureau 23
enceinte 6
enseignant 23
enseignante 2
enseigne 19
entre 1
entrée 13
épaule 9
épée 25
épinards 20
éponge 16
équipage 27
équitation 11
escargot 5, 32

escrime 11
étagère 17
étang 32
été 33
éteindre 36
étoile de mer 30
étoiles 29
extraterrestre 25

F

facile 34
facteur 23
faire du vélo 36
faire la pirouette 10
faire la roue 10
faire la roulade 10
faire une ronde 10
fantôme 25
fauteuil 14
fée 25
fenêtre 13
ferme 28
fermé 34
fermer 36
feu 12, 29
feuille 4, 32
feutre 2, 4
février 33
fièvre 9
filet de volley-ball 7
fille 1
film 14
fils 1
fleur 32
fleuriste 19
fleuve 32
flûte a bec 6
flûte traversière 6
football 11
fourchette 15
fourgon 26
fourmi 5
fraise 20
frère 1
frites 8
froid 34
fromage 8, 15
fruits 8

G

gants 31
garage 13
gare 27
gâteau 24
genou 9
girafe 22
glace 24
gobelet 1
gomme 2
gorille 22
goûter 7
grand 34
grand-mère 1
grand-père 1
gratte-ciel 12
grenouille 5
grillon 5
gris 4
gros 34
grosse caisse 6
guichet 27
guirlande 24

guitare 6
gymnastique 11

H

hamac 29
hamburger 24
hamster 5, 22
hélicoptère 26
herbe 32
hérisson 32
heureux 34
hibou 29
hippopotame 22
hiver 33
hôpital 12
horloge 21, 27
hot-dog 24
huit 3

I

il fait soleil 33
il neige 33
il pleut 33
il y a des nuages 33
il y a du brouillard 33
il y a du vent 33
immeuble 12
infirmière 23

J

jambe 9
jambon 15
janvier 33
jardinière 5
jaune 4
jean 18
jeu de société 7
jeudi 33
jeune 34
jouer 35
jouer d'un instrument de musique 35
journal télévisé 14
journaliste 23
judo 11
juillet 33
juin 33
jupe 18
jus d'orange 15
jus de fruit 24

K

kangourou 22
kiosque à journaux 12
kiwi 20

L

laid 34
lait 15
laitue 20
lampadaire 12, 14
lampe 17
lampe à gaz 29
lancer 36
langue 9
lapin 28
lavabo 16
lecteur de CD 6, 14
léger 34
légumes 8

77

lent 34
librairie 19
lièvre 32
lion 22
lire 35
lit 17
livre 2
long 34
losange 3
loupe 5
lourd 34
lucioles 29
luge 31
lundi 33
lune 29
lunettes de protection 5
lunettes de soleil 30

M

magasin 12
magasin d'articles de sport 19
magasin de chaussures 19
magasin de disques 19
magasin de jouets 19
magasin de vêtements 19
magicien 25
magnétophone 6
magnétoscope 14
mai 33
maigre 34
maillot de bain 30
main 9
maison 13
mal 34
mal à la tête 9
mal au ventre 9
mal aux dents 9
maman 1
manger 35
manteau 18
mappemonde 2
maracas 6
marche 13
marcher 10, 35
marcher en file indienne 10
mardi 33
marron 4
mars 33
masque 25
masque de plongée 30
matelas de plage 30
mécanicien 23
médecin 23
melon 20
mer 30
mercredi 33
microscope 5
miel 15
miroir 16
moins 3
monstre 25
montagne 31
monter à cheval 36
montre 21
moto 26
mou 34
mouette 30
mouillé 34
mules 17, 30
mur 13

N

nager 36
natation 11
neige 31
neuf 3, 34
nez 9
nid 32
noir 4
notes de musique 6
novembre 33
nuages 33

O

observer 35
octobre 33
œil 9
œuf 8
œufs 15
oie 28
oignon 20
oiseau 22, 32
onze 3
orange 4, 20
ordinateur 3
oreille 9
oreiller 17
ours 22
ouvert 34
ouvrier 23
ouvrir 36

P

paille 24
pain 8, 15
palmes 30
pamplemousse 20
panda 22
panier 32
panier de basket 7
panneau de signalisation 12
pantalon 18
papa 1
papeterie 19
papier hygiénique 16
papillon 5, 32
parabole 13
parasol 30
parc 12
parfumerie 19
parler 36
partition 6
passage piétons 12
passeport 27
pastèque 20
patinage 11
patiner 35, 36
patineur 31
patinoire 31
patins à glace 31
patins à roulettes 7
pâtisserie 19
pêche 20
peigne 16
peignoir de bain 16
peindre 35
pelle 30
penser 35
perroquet 22
pèse-personne 16
petit 34

petite cuillère 15
petits fours 24
petits pois 20
pharmacie 19
phoque 22
photographe 19, 23
photographie 24
photographier 36
piano 6
pied 9
pilote 27
pinceau 4
ping-pong 11
pingouin 22
pirate 25
piste de ski 31
pizza 8, 24
place 12
plan de la ville 27
planche à roulettes 7
plateau 8
plein 34
pleurer 36
plier les genoux 10
plus 3
poire 20
poisson 8, 30
poisson rouge 5
poivre 8
poivron 20
policier 23
pomme 20
pomme de terre 20
pont 29
pop-corn 24
porcelet 28
porte 13
poster 17
pouce 9
poule 28
poulet 8
poussin 28
pré 32
premier étage 13
prendre une douche 35
prince 25
princesse 25
printemps 33
propre 34
prune 20
pull-over 18
pupitre 2, 6
pyjama 17

Q

quarante 3
quatorze 3
quatre 3
quatre-vingts 3
quatre-vingt dix 3
quinze 3

R

raisin 20
ramasser 36
rapide 34
rectangle 3
refuge 31
regarder la télévision 36
règle 2
reine 25
remonte-pente 31

renard 32
répondre 36
reportage 14
requin 22
restaurant 12
réveil 17, 21
rêver 35
rez-de-chaussée 13
rhinocéros 22
rhume 9
rideau 17
rire 36
rivière 29
riz 8
robe 18
robe de chambre 17
robinet 16
rocher 30
roi 25
rose 4
rouge 4
rue 12

S

s'asseoir 10
s'essuyer 35
s'étirer 10
s'habiller 35
sac à dos 27, 29
sac de couchage 29
sac de sport 11
sac de voyage 27
saisons 33
salade 8
sale 34
salle de bains 13
salle de séjour 13
salopette 18
samedi 33
sandwich 24
sapeur-pompier 23
saucisse 8
saut en hauteur 11
saut en longueur 11
sauter 10, 35
savonnette 16
saxophone 6
scotch 4
se cacher 36
se coiffer 35
se déshabiller 35
se laver 35
se laver les dents 35
se lever 10, 35
se pencher à droite 10
se pencher à gauche 10
se réveiller 35
seau 30
sec 34
sèche-cheveux 16
seize 3
sel 8
sept 3
septembre 33
serpent 22

serveur 23
serviette éponge 16
shampooing 16
short 18
singe 22
sirène 25
six 3
skier 36
skieur 31
skis 31
slip 18
snowboard 31
sœur 1
soixante 3
soixante-dix 3
soleil 33
sorcière 25
soucoupe 15
souffler 36
soupe 8
souris 1, 5
sous 1
spaghetti 8
station-service 26
stylo 2
sucre 15
supermarché 12, 19
sur 1
survêtement 11
sweat-shirt 18

T

table 13
table de nuit 17
table pliante 29
tableau 2, 14
tablier 4
taille-crayon 2
tambourin 6
taper dans les mains 10
taper des pieds 10
tapis 14, 17
tapis de bain 16
tasse 15
taureau 28
taxi 26
tee-shirt 18
télécommande 14
téléphone 14
téléphoner 36
télésiège 31
téléviseur 14
tennis 11
tente 29
tête 9
thé 15
tigre 22
tiroir 17
toboggan 7
toit 13
tomate 20
torche 29
tortue 5
toucher les pieds 10
tour de contrôle 27

tourner à droite 36
tourner à gauche 36
toux 9
train 27
traverser 35
treize 3
trente 3
trésor 25
triangle 3, 6
triste 34
trois 3
trompette 6
tronc 32
trottoir 12
trousse 2
tuba 30

U

un 3

V

vache 28
valise 27
vampire 25
vase 14
veau 28
vélo 7, 26
vendeuse 23
vendre 36
vendredi 33
vent 33
ventre 9
verre 15
vert 4
veste 18
vétérinaire 23
viande 8
vide 34
vieux 34
vingt 3
violet 4
violon 6
visage 9
vitrine 19
voilier 30
voiture 26
voiture de pompiers 26
voler 36
volley 11
voyageur 27

W

W.-C. 16
wagon 27

Y

yaourt 15

Z

zèbre 22

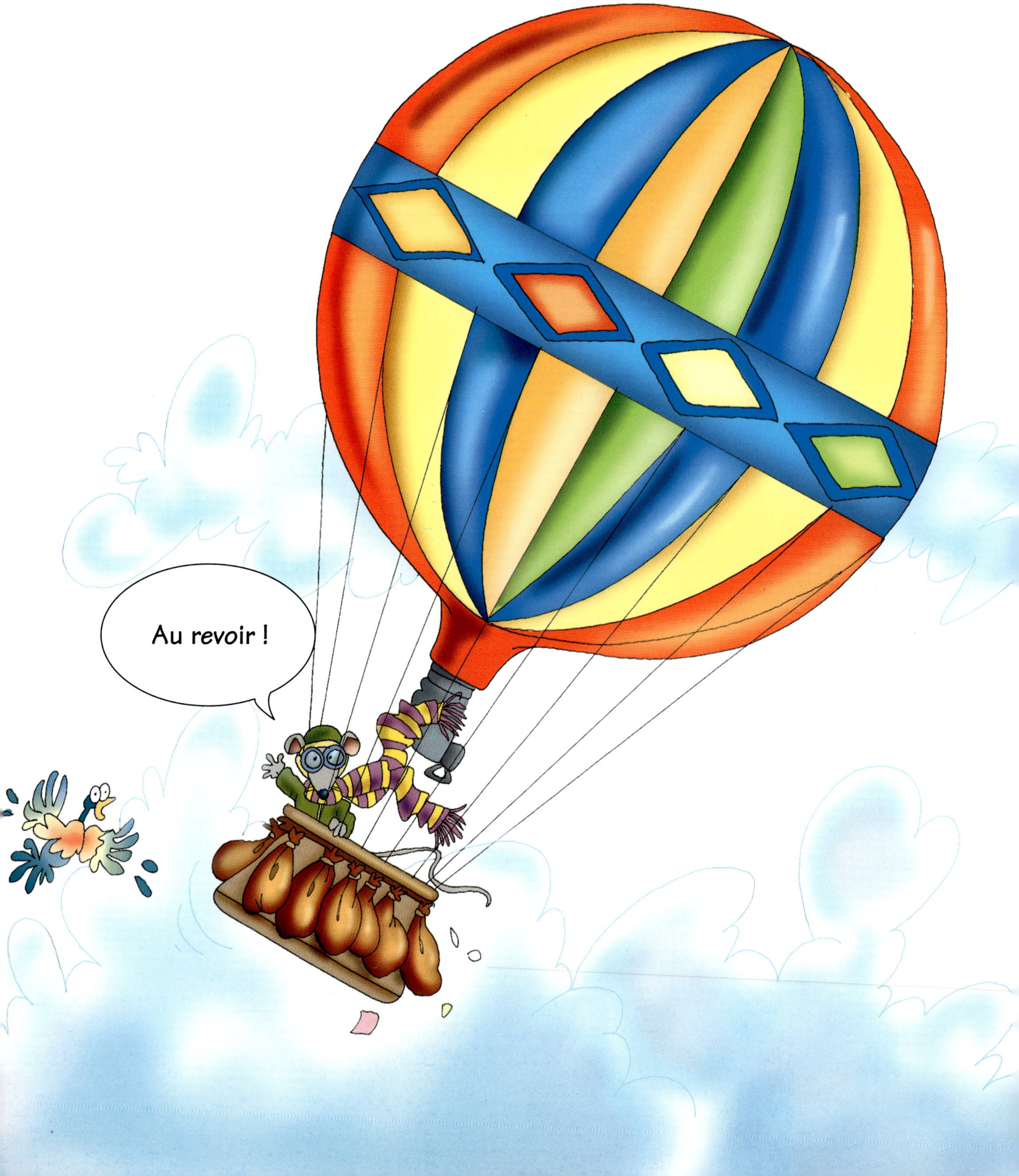
Au revoir !